郭守敬

薄樹人 著

中和出版
OPEN PAGE

出版緣起

我們推出的這套「大家歷史小叢書」，由著名學者或專家撰寫，內容既精專、又通俗易懂，其中不少名家名作堪稱經典。

本叢書所選編的書目中既有斷代史，又有歷代典型人物、文化成就、重要事件，也包括與歷史有關的理論、民俗等話題。希望透過主幹與枝葉，共同呈現一個較為豐富的中國歷史面目，以饗讀者。因部分著作成書較早，思想和主張有作者所處時代的印記，作者行文用語具時代特徵，我們尊重及保持其原貌，不做現代漢語的規範化統一。

中和編輯部

目錄

導言

讀者眼前的這本小冊子，是已故著名中國天文學史家薄樹人先生（一九三四—一九九七）撰寫的我國元代偉大天文學家、水利學家郭守敬（一二三一—一三一六）的小傳。雖然寫於半個多世紀以前，而且只用了不到兩萬字，卻是對郭守敬生平和科學活動的準確而生動的敘述，今天讀來，仍然趣味盎然，郭守敬聰明多才、極具創造力的古代科學家形象躍然紙上，給我們帶來啟發。

如果要列舉一下中國古代科學家的名字，郭守敬應當首屈一指。郭守敬一二三一年生於順德邢台（今河北省邢台市）。他自幼受祖父郭榮的影響，熟知天文、數學和水利。十八歲時，祖父送他到紫金山中，跟隨當時北方名士劉秉忠學習天文曆法、數學、地理等學問。一二六二年，經劉秉忠、張文謙舉薦，郭守敬覲見忽必烈，提出了興修水利的六項工程，得到忽必烈的重視和賞識，任都水少監。一二七九年，南宋滅亡，元王朝統一中國，設太史院，在大都建立司天台，王恂任太史令，郭守敬任同知太史院事。一二八〇年完成《授時曆》。一二八六年，任太史令。此後雖然有其他任職，但一直兼任太史院事，直到一三一六年去世。

郭守敬一生經歷的正是蒙古滅金，元宋更替的文明大融合的時代。正是這樣的一個時代，才使得郭守敬能夠發揮他的聰明才智，秉承中國天文學深厚的傳統，受外來思想的激發，馳騁想像，勇於創新，做出了舉世矚目的天文學成就。

郭守敬的天文學貢獻首先是在天文儀器製作方面。他一生創制了二十二種天文儀器，絕大多數都是前所未有的創造。簡儀是一種嶄新的天體位置測量儀器，克服了傳統渾儀環圈繁多、運轉不便、遮蔽天體的缺點，其安裝方式等同於現代望遠鏡的赤道式安裝，所不同的就是當時的窺管還沒有使用望遠鏡鏡片。簡儀還使用了滾動軸承，這在世界上是首創。他開創了天文儀器大型化的先河。他把傳統的圭表高度從八尺增至四丈，大大提高了影長的測量精度，準確確定了冬至點的時刻，為制定精良的曆法奠定了觀測基礎。

郭守敬與王恂合作制定的《授時曆》使中國古代曆法達到了一個高峰。清代阮元在《疇人傳》中說，《授時曆》是自漢以來，「為術七十餘家，莫之倫比也」。其採用的天文常數達到了前所未有的精度。回歸年歸年長度採用的是 365.2425 日，與現行的公曆完全相同。他定的黃赤交角度數也與現代計算誤差極小。五百年後，法國天文學家拉普拉斯（一七四九—一八二七）就採用了郭守敬的測定值來驗證他的天體力學理論中關於黃赤交角緩慢變小的觀點。《授時曆》在天文計算方法上也有許多創新，用三次內插法計算日、月、五星運動，用類似球面三角的方法進行黃道—赤道坐標系統的換算。

在天文測量方面，他組織了所謂的「四海測驗」，派出多支天文大地測量隊伍，東至朝鮮，西抵川滇，北及西伯利亞，南至越南，進行北極出地高度、晷影和晝夜時刻測量。他親自率領人員從南海至北海，選取二十七個地點測量，測量得出各地的北極高度的平均誤差為零點三五度。這樣規模的子午線大地測量，在當時世界上是絕無僅有的。在恆星測量方面，郭守敬不僅測量了傳統的比較明亮的恆星，而且測量了很多不太亮的恆星和傳統中沒有星名的小星。在某種意義上來說，這是「深空」觀測的開端。我們現在建造越來越大的望遠鏡，就是為了看到更遠、更暗的天體。

郭守敬在天文學研究上展現出一種可貴的科學精神，就是精於實測、富於積累、敢於創新、挑戰當時最重大的天文學問題，進行永無止境的探索。制定精良的曆法需要準確的冬至點時刻。郭守敬為了解決這個問題而發明的儀器有：高表、窺几和景符。為確定冬至時刻，郭守敬在三年的時間裡在冬至日前後進行了兩百多次影長測量。他確定的冬至時刻與實際冬至時刻之差在一刻以下，這在古代已經是非常了不起的成就。但是郭守敬並不滿足，在完成《授時曆》之後，他花了很多時間，做所謂的「候氣」實驗。按照當時的宇宙論，宇宙是有音律的，二十四節氣是天地之氣的節律。真正的冬至時刻必須是宇宙之氣達到了一種狀態，與冬至的律管「黃鐘」共鳴。「候氣」實驗就是為了確定那真正的時間原點，探索當時最根本的宇宙學問題，其科學探索的境界可以說是無比崇高的。在這個意義上，它與今天用大望遠鏡尋找暗物質、暗能量，探索宇宙的起源，有異曲同工之妙。

郭守敬的天文學成就對當時的世界，特別是對東亞國家產生了重大的影響。《授時曆》一經頒佈就被朝鮮接受，在朝鮮實際行用了近四百年。李朝在世宗時期（一四一八—一四五〇）大量引進中國天文學知識，模仿製造郭守敬的天文儀器，並有許多重要發明，如自擊漏。

郭守敬在水利方面的成就本書中也有很好的敘述，這裡不再介紹。對郭守敬作為這中國古代最傑出的科學家之一，我們今天無論如何評價都不為過。英國著名科學史家李約瑟說：「對於廣泛用於現代望遠鏡的赤道裝置而言，郭守敬的簡儀是當之無愧的先驅。」我國著名天文學家王綬琯說：「中國天文學在同時代天文成就中佔據的高度，至今還沒有超過郭守敬曾攀登到的高峰。」一九七〇年，國際天文學聯合會命名月球的一座環形山為「郭守敬」。一九七八年，又將第二〇一二號小行星命名為「郭守敬」。二〇〇九年，中國科學院國家天文台把我國最大、最先進的「大天區面積多目標光纖光譜天文望遠鏡（LAMOST）」正式命名為「郭守敬望遠鏡」。郭守敬的天文學成就，如同一座巍峨的歷史燈塔，指引着中國天文學的未來。

以上是再讀薄樹人先生《郭守敬》的心得體會，忝作再版導言。

孫小淳　二〇一六年十月十五日於北京

一　勤奮學習的少年

我國元朝大科學家郭守敬生於一二三一年（元太宗三年、金哀宗正大八年），家鄉在今河北省邢台縣。

邢台地方本來屬宋朝，一一二八年（宋高宗建炎二年）被金朝奪去，到一二二〇年（金宣宗興定四年）又被後來建立元朝的蒙古貴族佔領。所以郭守敬是在元朝統治時期出生的。後來元朝在一二三四年滅金，到一二七九年又滅了宋，統一中國，郭守敬也逐漸成長為一位傑出的科學家。

早些時候，金朝北邊的蒙古人還過着遊牧的生活，處在奴隸社會階段。那時他們在金朝北方一帶騷擾，進行的戰爭具有極大的掠奪性和破壞性。當地的農田水利遭到了嚴重的破壞，人口大量減少，生產急劇下降。這種狀況對於元朝的建立統治是十分不利的。以元世祖為首的蒙古統治集團覺察了這一點，於是在華北地區封建勢力代表人物的支持下，逐步進行了一些改革，改變了一些野蠻的殺掠方式，實行了一些鼓勵農桑增產的措施。因此，在元世祖的時代，華北一帶的農業生產才逐漸恢復起來。農業生產必須適應天時，農田排灌需要水利建設，於是對天文曆法和水利工程的研究，就成為迫切的要求。同時，國家統一了，中外交通範圍比以前擴大了，更給科學技術的發展提供了新的因素。因此，元朝的天文學和水利學，在金、宋兩朝的基礎上，有了進一步的發展。郭守敬正是在這個時期，在這兩門科學方面做出了許多貢獻。

郭守敬父親的名字，從現有的歷史記載中已查不出來。他的祖父倒還留下名字，叫郭榮。郭榮是金元之際一位頗有名望的學者。他精通五經，熟知天文、算學，擅長水利技術。郭守敬就是在他祖父的教養下成長起來的。

老祖父一面教郭守敬讀書，一面也領着他去觀察自然現象，體驗實際生活。郭守敬自小就喜歡自己動手製作各種器具。有人說他是「生來就有奇特的秉性，從小不貪玩耍」。其實，由於他把心思用到製作器具上，所以就不想玩耍了。

郭守敬在十五六歲的時候就顯露出了科學才能。那時他得到了一幅「蓮花漏圖」。他對圖樣做了精細的研究，居然摸清了製作方法。

蓮花漏是一種計時器，是北宋科學家燕肅在古代漏壺的基礎上改進創制的。這器具由好幾個部分組合而成。上面有幾個漏水的水壺。這幾個水壺的水面高度經常不變。水面高度不變，往下漏水的速度也就保持均勻。水流速度保持均勻了，那在一定時間內漏下的水量就一定不變，不會忽多忽少。這樣，就可以從漏下的水量指示出時間來了。燕肅留下的蓮花漏圖，就畫着這樣的一整套器具。

製造這套器具的原理不很淺顯。燕肅所畫的圖，構造也不很簡單。僅僅依據一幅圖就想掌握蓮花漏的製造方法和原理，對一般成年學者來說也還不是一件容易的事情。年紀才十幾歲的郭守敬卻居然把它弄得一清二楚，這就足以證明郭守敬確是一個能夠刻苦鑽研的少年。

在邢台縣的北郊，有一座石橋。金元戰爭的時候，這座橋被破壞了，橋身陷在泥淖裡。日子一久，竟沒有人說得清它的所在了。郭守敬查勘了河道上下游的地形，對舊橋基就有了一個估計。根據他的指點，居然一下子就挖出了這久被埋沒的橋基。這件事引起了很多人的驚訝。

石橋修復後，當時一位有名的文學家元好問還特意為此寫過一篇碑文。這時候，年青的郭守敬已經能對地理現象做頗為細緻的觀察了。那一年，他剛剛二十歲。

郭榮為了讓他孫兒開闊眼界、得到深造，曾把郭守敬送到自己的同鄉老友劉秉忠門下去學習。劉秉忠精通經學和天文學。當時他為父親守喪，在鄉讀書。郭守敬在他那兒得到了很大的教益。更重要的是，郭守敬在他那兒結識了一位好朋友王恂。王恂比郭守敬小四五歲，後來也是一位傑出的數學家和天文學家。這一對好朋友後來在天文曆法工作中親密合作，做出了卓越的貢獻。

二　修水利初顯才能

郭守敬在劉秉忠門下學習的時間不長。一二五一年，劉秉忠被元世祖忽必烈召進京城去了。劉秉忠離開邢台之後，郭守敬的行蹤如何，史書上沒有明白的記載。只知道後來劉秉忠把他介紹給了自己的老同學張文謙。一二六〇年，張文謙到大名路（今河北省大名縣一帶）等地做宣撫司（管理地方行政的官署）的長官，郭守敬也跟着他一起去了。在那兒，他把少年時代試做過的蓮花漏鑄了一套正規的銅器，留給地方上使用。後來，元朝政府裡的天文台也採用了這種器具。

郭守敬跟着張文謙到各處勘測地形，籌劃水利方案，並幫助做些實際工作。幾年之間，郭守敬的科學知識和技術經驗更豐富了。張文謙看到郭守敬已經漸趨成熟，就在一二六二年，把他推薦給元世祖忽必烈，說他熟悉水利，聰明過人。元世祖就在當時新建的京城上都（今內蒙古多倫附近）召見了郭守敬。

郭守敬初見元世祖，就當面提出了六條水利建議。第一條建議修復從當時的中都（今北京）到通州（今通州區）的漕運河道；第二、第三條是關於他自己家鄉地方城市用水和灌溉渠道的建議；第四條是關於磁州（今河北磁縣）、邯鄲一帶的水利建設的意見；第五、第六條是關於中原地帶（今河南省境內）沁河河水的合理利用和黃河北岸渠道建設的建議。這六條都是經過仔細查勘後提出來的切實的計劃，對於經由路線、受益面積等項都說得清清楚楚。元世祖認為郭守敬的建議很有道理，當下就任命他為提舉諸路河渠①，掌管各地河渠的整修和管理等工作，下一年又升他為銀符副河渠使。

一二六四年（元世祖至元元年）張文謙被派往西夏（今甘肅、寧夏及內蒙古西部一帶）去巡察。那裡沿着黃河兩岸早已修築了不少水渠。寧夏地方（今銀川一帶）的漢延、唐來兩渠都是長達幾百里的古渠，分渠縱橫，灌溉田地的面積很大，是西北重要的農業基地之一。當年成吉思汗征服西夏的時候，不知道保護農業生產，兵馬到達的地方，水閘水壩都被毀壞，渠道都被填塞。這種情況，張文謙當然是知道的。他巡察西夏，一方面要整頓地方行政，另一方面也想重興水利，恢復農業生產。所以他帶了擅長水利的郭守敬同行。

郭守敬到了那裡，立即着手整頓。有的地方疏通舊渠，有的地方開闢新渠，又重新修建起許多水閘、水壩。當地人民久旱望水，對這樣具有切身利害關係的大事自然盡力支持。由於大家動手，這些工程竟然在幾個月之內就完工了。開閘的那一天，人們望着那滾滾長流的渠水，心裡是多麼喜悅啊。

修完了渠，郭守敬就離開了西夏。在還京之前，他曾經逆流而上，探尋黃河的發源地。以往史書上雖也有些河源探險的記載，但都是些將軍、使臣們路過這個地區，順便查探，寫下的一些記述，並不是特意進行的科學考察結果。有些記載只是從傳聞得來，還不免失實。以科學考察為目的，專程來探求黃河真源的，要推郭守敬是第一個人。很可惜，郭守敬探查河源的結果沒有記載流傳下來。後來到了一二八〇年，又有一位探險家都實奉元世祖之命專程前去考察河源。這次探索的經過記錄在一部《河源記》的專著裡，其中有着不少有價值的結果。毫無疑問，作為先驅的郭守敬的考察對於都實是有相當影響的。

一二六五年，郭守敬回到了上都。同年被任命為都水少監，協助都水監掌管河渠、堤防、橋樑、閘壩等的修治工程。一二七一年升任都水監。一二七六年都水監併入工部，他被任為工部郎中②。

注釋：

① 提舉諸路河渠：是管理河渠的官名。

② 工部：管理全國營造、工程修建及百工之事的官府。郎中是工部的高級官員。

三　巧製儀器觀天文

我國是天文學發達很早的國家之一。西漢以後，國家天文台的設備和組織已經達到相當完善的地步。它的主要任務之一是編制曆法。我國古代的曆法，內容是十分廣泛的。它包括日月運行及其位置的推算、逐年日曆的編制、五大行星的位置預報、日食月食的預推，等等。曆法關係到生產、生活甚至政治活動等很多方面。因此，歷來對這項工作都是相當重視的。一種曆法用久了，誤差就會逐漸增大，因而需要重新修改。跟着每次重大的曆法修改，總帶來一些創造革新的進步，像基本天文數據的精密化、天文學理論的新成就或計算方法上的新發明，等等。曆法的發展可說是中國天文學發展史中的一條主線。

元朝初年沿用當年金朝的「重修大明曆」。這個曆法是一一八〇年（金世宗大定二十年）修正頒行的。幾十年以來，誤差積累日漸顯著，發生過好幾次預推與實際天象不符的事。再一次重新修改是迫切需要的事了。

一二七六年（至元十三年），元軍攻下了南宋首都臨安（今浙江杭州），全國統一已成定局。就在這一年，元世祖遷都到大都[1]，並且採納已死大臣劉秉忠的建議，決定改訂舊曆，頒行元王朝自己的曆法。於是，元政府下令在新的京城裡組織曆局，調動了全國各地的天文學者，另修新曆。

這件工作名義上以張文謙為首腦，但實際負責曆局事務和具體編算工作的是精通天文、數學的王恂。

當時，王恂就想到了老同學郭守敬。雖然郭守敬擔任的官職一直是在水利部門，但他的長於製器和通曉天文，是王恂很早就知道的。因此，郭守敬就由王恂推薦，參加修曆，奉命製造儀器，進行實際觀測。從此，在郭守敬的科學活動史上又揭開了新的一章，他在天文學領域裡發揮了高度的才能。

郭守敬首先檢查了大都城裡天文台的儀器裝備。這些儀器都是金朝的遺物。其中渾儀還是北宋時代的東西，是當年金兵攻破北宋的京城汴京（今河南開封）以後，從那裡搬運到燕京②來的。當初，大概一共搬來了三架渾儀。因為汴京的緯度和燕京相差約四度多，不能直接使用。金朝的天文官曾經改裝了其中的一架。這架改裝的儀器在元初也已經毀壞了。郭守敬就把餘下的另一架加以改造，暫時使用。另外，天文台所用的圭表也因年深日久而變得歪斜不正。郭守敬立即着手修理，把它扶置到準確的位置。

這些儀器終究是太古老了，雖經過修整，但在天文觀測必須日益精密的要求面前，仍然顯得不相適應。郭守敬不得不創制一套更精密的儀器，為改曆工作奠定堅實的技術基礎。

古代在曆法制定工作中所要求的天文觀測，主要是兩類。一類是測定二十四節氣，特別是冬至和夏至的確切時刻，用的儀器是圭表；一類是測定天體在天球③上的位置，應用的主要工具是渾儀。

圭表中的「表」是一根垂直立在地面的標竿或石柱；「圭」是從表的跟腳上以水平位置伸向北方的一條石板。每當太陽轉到正南方向的時候，表影就落在圭面上。量出表影的長度，就可以推算出冬至、夏至等各節氣的時刻。表影最長的時候，冬至到了；表影最短的時候，夏至來臨了。它是我國創制最古老、使用最熟悉的一種天文儀器。

這種儀器看起來極簡單，用起來卻會遇到幾個重大的困難。

首先是表影邊緣並不清晰。陰影越靠近邊緣越淡，到底甚麼地方才是影子的盡頭，這條界線很難劃分清楚。影子的邊界不清，影長就量不準確。

使用圭表時的第二個難題就是測量影長的技術不夠精密。古代量長度的尺一般只能量到分，往下可以估計到厘，即十分之一分。按照千年來的傳統方法，測定冬至時表影的長，如果量錯一分，就足以使按比例推算出來的冬至時刻有一個或半個時辰④的出入。這是很大的誤差。

還有，舊圭表只能觀測日影。星、月的光弱，舊圭表就不能觀測星影和月影。

對這些困難問題，唐、宋以來的科學家們已經做過很多努力，始終沒有很好地解決。現在，這些困難又照樣出現在郭守敬的面前了。怎麼辦呢？郭守敬首先分析了造成誤差的原因，然後針對各個原因，找出克服困難的辦法。

首先，他想法把圭表的表竿加高到五倍，因而觀測時的表影也加長到五倍。表影加長了，按比例推算各個節氣時刻的誤差就可以大大減少。

其次，他創造了一個叫作「景符」的儀器，使照在圭表上的日光通過一個小孔，再射到圭面，那陰影的邊緣就很清楚，可以量取準確的影長。

再其次，他還創造了一個叫作「窺几」的儀器，使圭表在星和月的光照下也可以進行觀測。

另外，他還改進量取長度的技術，使原來只能直接量到「分」位提高到能夠直接量到「厘」位，原來只能估計到「厘」位的提高到能夠估計到「毫」位。

郭守敬對圭表進行了這一系列的改進，解決了一系列的困難問題，他的觀測工作自然就能比前人做得更好。

郭守敬的圭表改進工作大概完成於一二七七年夏天。這年冬天已經開始用它來測日影。因為觀測的急需，最初的高表柱是木製的，後來才改用金屬鑄成。可惜這座表早已毀滅，我們現在無法看到了。幸而現在河南省登封市還保存着一座磚石結構的觀星台，其中主要部分就是郭守敬造的圭表。這圭表與大都的圭表又略有不同，它因地制宜，就利用這座高台的一邊作為表，台下用三十六塊巨石鋪成一條長十餘丈的圭面。當地人民給這圭表起了一個很豪邁的名稱，叫「量天尺」。

圭表的改進只是郭守敬開始天文工作的第一步，以後他還有更多的創造發明呢！現在就來談談他對渾儀的改進。

渾儀至遲在公元前二世紀就已由我國天文家發明了，唐、宋以來歷代都有發展。它的結構完全仿照着當時在人們心目中反映出來的那個不斷轉動着的天體圓球。在這圓球裡是許多一重套着一重的圓環。這些圓環有的可以轉動，也有不能旋轉的。在這些重重疊疊的圓環中間夾着一根細長的管子，叫作窺管。把這根細管瞄準某個星球，從那些圓環上就可以推定這個星球在天空中的位置。因為這個儀器的外形像一個渾圓的球，所以稱為渾儀。它是我國古代天文儀器中一件十分傑出的創作。在歐洲，要到十六世紀左右，才有與我國北宋渾儀同樣精細的儀器。

但是，這種渾儀的結構也有很大的缺點。一個球的空間是很有限的，在這裡面大大小小安裝了七八個環，一環套一環，重重掩蔽，把許多天空區域都遮住了，這就縮小了儀器的觀測範圍。這是第一個大缺點。另外，有好幾個環上都有各自的刻度，讀數系統非常複雜，觀測者在使用時也有許多不方便。這是第二個大缺點。郭守敬就針對這些缺點做了很大的改進。

郭守敬改進渾儀的主要想法是簡化結構。他準備把這些重重套裝的圓環省去一些，以免互相掩蔽，阻礙觀測。那時候，數學中已發明了球面三角法的計算，有些星體運行位置的度數可以從數學計算求得，不必要在這渾儀中裝上圓環來直接觀測。這樣，就使得郭守敬在渾儀中省去一些圓環的想法有實現的可能。

郭守敬只保留了渾儀中最主要最必需的兩個圓環系統；並且把其中的一組圓環系統分出來，改成另一個獨立的儀器；把其他系統的圓環完全取消。這樣就根本改變了渾儀的結構。再把原來罩在外面作為固定支架用的那些圓環全都撤除，用一對彎拱形的柱子和另外四條柱子承托着留在這個儀器上的一套主要圓環系統。這樣，圓環就四面凌空，一無遮攔了。這種結構，比起原來的渾儀來，真是既實用，又簡單，所以取名「簡儀」。簡儀的這種結構，同現代稱為「天圖式望遠鏡」的構造基本上是一致的。在歐洲，像這種結構的測天儀器，要到十八世紀以後才開始從英國流傳開來。

郭守敬簡儀的刻度分劃也空前精細。以往的儀器一般只能讀到一度的四分之一，這簡儀卻可讀到一度的三十六分之一，精密度一下子提高了很多。這架儀器一直到清初還保存着，可惜後來被在清朝欽天監（掌管天文曆法的官署）中任職的一個法國傳教士紀理安拿去當廢銅銷毀了。現在只留下一架明朝正統年間（一四三六──一四四九）的仿製品，保存在南京紫金山天文台。

郭守敬用這架簡儀做了許多精密的觀測，其中的兩項觀測對新曆的編算具有重大的意義。

一項是黃道和赤道的交角的測定。赤道是指天球的赤道。地球懸空在天球之內，設想地球赤道面向周圍伸展出去，和天球邊緣相割，割成一個大圓圈，這圓圈就是天球赤道。黃道就是地球繞太陽做公轉的軌道平面延伸出去，和天球相交所得的大圓。天球上黃道和赤道的交角，就是地球赤道面和地球公轉軌道面的交角。這是一個天文學基本常數。這個數值從漢朝以來一直認定是二十四度，一千多年來始終沒有人懷疑過。實際上這個交角年年在不斷縮減，只是每年縮減的數值很小，只有半秒，短期間不覺得。可是變化雖小，積累了一千多年也就會顯出影響來的。黃、赤道交角數值的精確與否，對其他計算結果的準確與否很有關係。因此，郭守敬首先對這沿用了千年的數據進行檢查。果然，經他實際測定，當時的黃、赤道交角只有 23 度 90 分。這個是用古代角度制算出的數目。古代把整個圓周分成365又1/4度，1度分作100分，用這樣的記法來記這個角度就是23度90分。換成現代通用的360°制[5]，那就是23°33′23″.3。根據現代天文學理論推算，當時的這個交角實際應該是23°31′58″.0。郭守敬測量的角度實際還有1′25″.3的誤差。不過這樣的觀測，在郭守敬當年的時代來講，那已是難能可貴的了。

另一項觀測就是二十八宿[6]距度的測定。我國古代在測量二十八宿各個星座的距離時，常在各宿中指定某個星為標誌，這個星稱為「距星」。因為要用距星做標誌，所以距星本身的位置一定要定得很精確。從這一宿距星到下一宿距星之間的相距度數叫「距度」。這距度可以決定這兩個距星之間的相對位置。二十八宿的距度，從漢朝到北宋，一共進行過五次測定。它們的精確度是逐次提高的。最後一次在宋徽宗崇寧年間（一一〇二—一一〇六）進行的觀測中，這二十八個距度數值的誤差平均為0°.15，也就是9′。到郭守敬時，經他測定的數據，誤差數值平均只有4′.5，比崇寧年間的那一次降低了一半。這也是一個很難得的成績。

在編訂新曆時，郭守敬提供了不少精確的數據，這確是新曆得以成功的一個重要原因。

在改曆過程中，郭守敬創造了近二十種儀器和工具。我們再介紹一件郭守敬獨創的儀器，來看看他的技術成就。

這件儀器是一個銅製的中空的半球面，形狀像一口仰天放着的鍋，名叫「仰儀」。半球的口上刻着東西南北的方向，半球面上刻着與觀測地緯度相應的縱橫線格網。半球口上用一縱一橫的兩根竿子架着一塊小板，板上開一個小孔，孔的位置正好在半球面的球心上。太陽光通過小孔，在球面上投下一個圓形的像，映照在所刻的線格網上，立刻可讀出太陽在天球

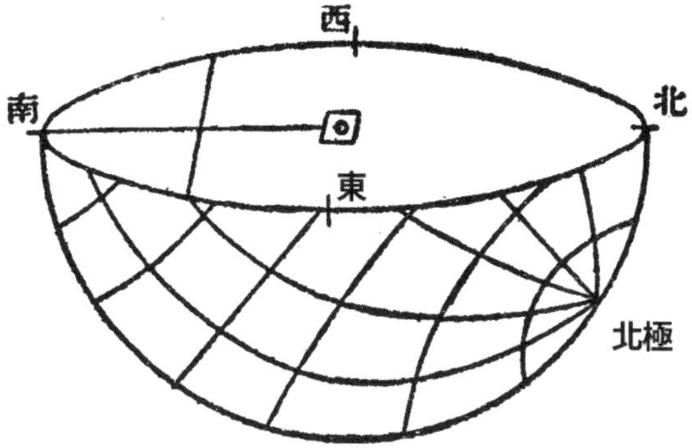

仰儀示意圖

上的位置。人們可以避免用眼睛逼視那光度極強的太陽本身，就看明白太陽的位置，這是很巧妙的。更妙的是，在發生日食時，仰儀面上的日像也相應地發生虧缺現象。這樣，從仰儀上可以直接觀測出日食的方向，虧缺部分的多少，以及發生各種食相的時刻，等等。雖然伊斯蘭天文家⑦在公元十一世紀時就已經利用日光通過小孔成像的現象來觀測日食，但他們只是利用一塊有洞的板子來觀測日面的虧缺，幫助測定各種食相的時刻罷了，還沒有像仰儀這樣可以直接讀出數據的儀器。

王恂、郭守敬等同一位尼泊爾的建築師阿你哥合作，在大都興建了一座新的天文台，台上就安置着郭守敬所創制的那些天文儀器。它是當時世界上設備最完善的天文台之一。

由於郭守敬的建議，元世祖派了十四位天文家，到當時國內二十六個地點（大都不算在內），進行幾項重要的天文觀測。在其中的六個地點，特別測定了夏至日的表影長度和晝、夜的時間長度。這些觀測的結果，都為編制全國適用的曆法提供了科學的數據。這一次天文觀測的規模之大，在世界天文學史上也是少見的。

經過王恂、郭守敬等人的集體努力，到一二八〇年（元世祖至元十七年）春天，一部新的曆法宣告完成。按照「敬授民時」的古語，取名「授時曆」。同年冬天，正式頒發了根據《授時曆》推算出來的下一年的日曆。

很不幸，《授時曆》頒行不久，王恂就病逝了。那時候，有關這部新曆的許多算草、數表等都還是一堆草稿，不曾整理。幾個主要的參加編曆工作的人，退休的退休，死的死，於是，最後的整理定稿工作就全部落到了郭守敬的肩上。他又花了兩年多的時間，把數據、算表等整理清楚，寫出定稿。其中的一部分就是《元史·曆志》中的《授時曆經》。

在《授時曆》裡，有許多革新創造的成績。第一，廢除了過去許多不合理、不必要的計算方法，例如避免用很複雜的分數來表示一個天文數據的尾數部分，改用十進小數等；第二，創立了幾種新的算法，例如三差內插公式⑧及合於球面三角法的計算公式等；第三，總結了前人的成果，使用了一些較進步的數據，例如採用南宋楊忠輔所定的回歸年，以一年為365.2425日，與現行公曆的平均一年時間長度完全一致。《授時曆》是一二八一年頒行的；現行公曆卻是到一五七六年才由意大利人利里奧提出來的。《授時曆》確是我國古代一部很進步的曆法。郭守敬把這部曆法最後寫成定稿，流傳到後世，把許多先進的科學成就傳授給後人，這件工作，就稱得起是郭守敬的一個大功。

王恂去世不久，郭守敬升為太史令⑨。在以後的幾年間，他又繼續進行天文觀測，並且陸續地把自己製造天文儀器、觀測天象的經驗和結果等極寶貴的知識編寫成書。他寫的天文學著作共有百餘卷之多。然而封建帝王元世祖雖然支持了改曆的工作，卻並不願讓真正的科學知識流傳到民間去，把郭守敬的天文著作統統鎖在深宮秘府之中。那些寶貴的科學遺產幾乎全都被埋沒了，這是多麼令人痛惜的事！

注釋：

① 大都：元世祖下令在金朝京城中都的東北郊外建造大都城，這就是舊日所謂北京內城的前身。

② 燕京：即今北京，當時是金朝京城中都的別稱。

③ 天球：天文學名詞。設想天形如球，所以叫「天球」。地球在天球的中心，日、月和許多星體都在它裡面各佔着一定的位置。

④ 時辰：古代分一日為十二個時辰。一個時辰合今兩小時。

⑤ 1°（度）＝$60'$（分）＝$3600''$（秒）。

⑥ 二十八宿：中國古代在黃道附近所選定的二十八個星座，有角、亢、氐、房等。每個宿（即星座）包有幾個星，如角宿二星，亢宿四星，等等。

⑦ 古代亞洲西部信仰伊斯蘭教各國的天文學相當發達。這裡的「伊斯蘭天文家」即指這些國家的天文學家。

⑧ 三差內插公式：是求取在一系列數中每兩數間插入合於所設條件的許多數的計算公式。譬如 1, 2, 3, 4……一系列數中每兩數間可以插入 1.5, 2.5, 3.5……一系列數，這比較容易計算。在 $1^3, 2^3, 3^3, 4^3$……一系列數中每兩數間可以插入怎樣的一系列數目，那就不很容易了。郭守敬就創立了關於這一類計算法的公式。

⑨ 太史令：掌管天文的官職，相當於現在的國家天文台台長。

四　讓船舶駛入大都城

從八百多年前的金朝起，北京就成了國家的首都。元朝時候，它稱為大都，更成為當時全國政治經濟中心的大城市。

大都城內每年消費的糧食達幾百萬石。這些糧食絕大部分是從南方產糧地區徵運來的。為了便於運輸，從金朝起，在華北平原上利用天然水道和隋唐以來修建的運河建立了一個運輸系統。但由於自然條件的關係，它的終點不是北京，而是京東的通州，離京城還有幾十里路。這段幾十里的路程只有陸路可通。陸路運輸要佔用大量的車、馬、役夫；一到雨季，泥濘難走，沿路要倒斃許多牲口，糧車往往陷在泥中，夫役們苦不堪言。因此在金朝時候，統治者就力圖開鑿一條從通州直達京城的運河，以解決運糧問題。

通州的地勢比大都低，因此要開運河，只能從大都引水流往通州。這樣，就非在大都城周圍找水源不可。大都城郊最近的天然水道有兩條：一條是發源於西北郊外的高梁河，另一條是水源從西南而來的涼水河。然而這兩條河偏偏都水量很小，難以滿足運河的水源需要。大都城往北幾十里，有清河和沙河，水量倒是較大，卻因地形關係，都自然地流向東南，成為經過通州的溫榆河的上源。水量最大的還數大都城西幾十里的渾河（今永定河）。金朝時候，曾從京西石景山北面的西麻峪村開了一條運河，把渾河河水引出西山，過燕京城下向東直注入通州城東的白河。但這條運河容納了渾河水中攜帶來的大量泥沙，容易淤積。到夏、秋洪水季節，水勢極其洶湧，運河極易氾濫。這樣，運河對於京城反是一個威脅。開鑿之後只過了十五年，就因山洪決堤，不得已又把運河的上游填塞了。這是一次失敗的經驗。

然而，陸運耗費的巨大，始終在促使着人們去尋求一條合適的水道。這個任務，到郭守敬的時候才得到完成。

郭守敬的開河事業也不是一開始就順利進行的。他也經過了多次的失敗，最後才找到了正確解決的辦法。

金朝開挖的那條運河，正流經大都城城牆的南面。利用這條被廢棄的運河，當然是最經濟最簡捷的辦法。至少，大都城以東的那一段是完全可以利用的。因此，擺在郭守敬面前的問題就是如何解決這段運河的水源。

郭守敬提出的第一個方案就是他在一二六二年初見元世祖時所提出

來的六條水利建議中的第一條。

在大都城的西北，有座玉泉山。玉泉山下迸湧出一股清泉。這股清泉流向東去，並分成南北兩支。南面的一支流入甕山（今萬壽山）以南的甕山泊（今昆明湖的前身）。又從甕山泊東流，繞過甕山，與北面的一支匯合，再向東流，成為清河的上源。郭守敬的計劃是使進入甕山泊的這支泉水不再向東，劈開它南面高地的障礙而引它向南，注入高梁河。高梁河的下游原已被金人攔入運河。這樣，運河的水量就得到了補充。

當時，元世祖接受郭守敬的建議，下令實施這個計劃。但是結果並不合於理想。因為引來增加水源的究竟只有一泉之水，流量有限，對於數額巨大的航運量仍難勝任。事實上，引來的泉水只夠用來增加大都城內湖池川流的水量，對於恢復航運沒有多大幫助。這又是一次失敗的經驗。

郭守敬仔細研究了這次失敗的原因。顯然，關鍵問題還是在於水量不足。他想：京郊河流中水量最大的是那條渾河，為甚麼不利用渾河的河水呢？三年以後，就在他從西夏回來以後的那一年，他提出了開闢水源的第二個方案。他認為可以利用金人過去開的河道，只要在運河上段開一道分水河，引回渾河中去；當渾河河水暴漲而危及運河時，就開放分水河閘口，以減少進入運河下游的水量，解除對京城的威脅。這算是個一時有效的辦法。所以說「一時有效」，那是因為這裡還有個泥沙淤積問題，日子一久還是要出岔子的。看來，郭守敬也考慮到了這一點，所以他並沒有在運河上建立閘壩，因為閘壩會阻礙泥沙的沖走。但是接着又發生了一個他所估計不足的問題。原來從大都到通州這段運河的河道，雖不如大都以上一段那樣陡峻，但那坡度卻仍然是相當大的。河道坡度大，水流就很急，沒有水閘的控制，巨大的糧船自然無法逆流而上。結果，這條運河在一二七六年開成以後，只能對兩岸的農田灌溉以及從西山砍取木材的順流下送，起相當的作用；至於對大都運糧，還是無濟於事。

兩次工程都沒有達到預期的效果。郭守敬並沒有灰心，卻更深入細緻地分析了兩次失敗的原因。他認識到過去的設計思想帶有頗大的片面性，今後的計劃必須把水量、泥沙及河道坡度等種種因素結合起來，做一個通盤的考慮。在以後的幾年中，他仔細地勘測了大都城四郊的水文情況和地勢起伏。只是後來他被調去修曆，才把運河工程的規劃擱了下來。

一二九一年（至元二十八年），有人建議利用灤河、渾河作為向上游地區運糧的河道。元世祖一時不能決斷，就委派正在太史令任上的郭守敬去實地勘查，再定可否。郭守敬探測到中途，就發覺這些建議都是不切實際的。他乘着報告調查結果的機會，同時向政府提出了許多新建議。他這許多建議中的第一條就是大都運糧河的新方案。

這個經過實地勘測、再三研究而提出的新方案，仍然利用以前他那個試行方案中鑿成的河道，但是要進一步擴充水源。擴充的辦法是把昌平地方神山（今鳳凰山）腳下的白浮泉水引入甕山泊，並且讓這條引水河在沿途攔截所有原來從西山東流入沙河、清河的泉水，匯合在一起，滾滾而下。這樣一來，運河水量可以大為增加。這些泉水又都是清泉，泥沙很少，在運河下游可以毫無顧慮地建立一系列控制各段水位的閘門，以便糧船平穩上駛。

這是個十分周密的計劃。元世祖對它極為重視，下令重設都水監，命郭守敬兼職領導，並且調動幾萬軍民，在一二九二年（至元二十九年）春天，克日動工。

這條從神山到通州高麗莊，全長一百六十多華里的運河，連同全部閘壩工程在內，只用了一年半的時間，到一二九三年秋天就全部完工

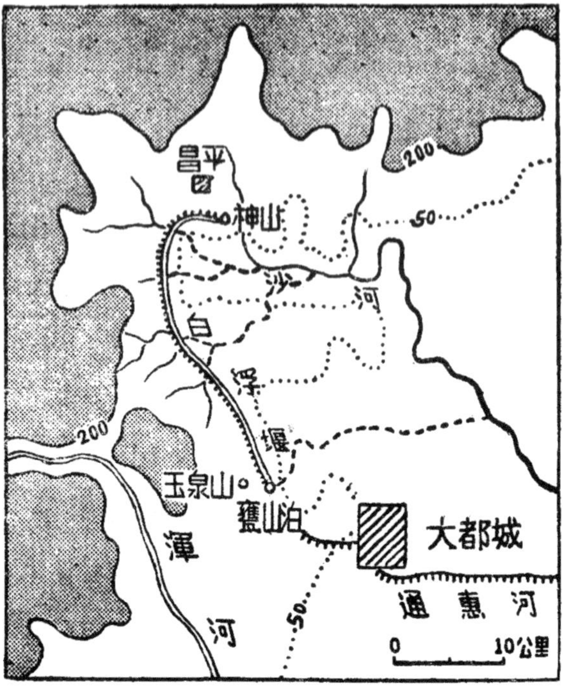

通惠河示意圖

了。當時，這條運河起名叫通惠河。從此以後，船舶可以一直駛進大都城中。那時大都城裡作為終點碼頭的積水潭（今此潭還在，只是已經淤縮成一個小池潭了）上，南方來的糧船雲集，熱鬧非常。這樣，非但解決了運糧問題，而且還促進了南貨北銷，進一步繁榮了大都城的經濟。

從科學成就上來講，這次運河工程的最突出之點是在於從神山到甕山泊這一段引水河道的路線選擇。

從神山到大都城的直線距離是六十多華里。白浮泉發源地的海拔[①]約六十米，高出大都城西北角一帶最高處約十米。看起來，似乎完全可以沿着這條最短的直線路徑把水引過來。但實際上這條直線所經地區的地形不是逐漸下降的。由沙河和清河造成的河谷地帶，海拔都在五十米以下，甚至不到四十五米，比大都城西北地帶的地勢都低。如果引水線路取直線南下，泉水勢必都將順着河谷地帶一瀉東流，無法歸入運河。

郭守敬看到這一點，所以他所選定的線路就不是直通京都的。他先把白浮泉水背離着東南的大都引向西去，直通西山山麓，然後順着平行山麓的路線，引往南來。這樣，不但保持了河道坡度逐漸下降的趨勢，而且可以順利地截攔、匯合從西山東流的眾多泉水。從後來通航的事實證明，捨棄那條直線，採取這條迂迴西山下的線路，確是十分合理的。要知道，在六十多華里長的路程上，僅僅幾米的高低起伏，那實在是非常微小，不是人眼所能直接看出的。從這取捨之間，可以看出郭守敬對大都城和它四周地區的地形測量，是下過很深的功夫的。

注釋：

① 海拔：地理學名詞，指陸地和山陵高出海面的尺度。

五　晚年的聲望

通惠河開通以後，郭守敬一直兼任天文和水利兩方面的領導工作。

一二九四年，他升任知太史院事①。但是關於水利方面的工作，當時政府仍經常要徵詢他的意見。

一二九八年（元成宗大德二年），政府決定在上都附近開一道渠，元成宗召郭守敬去商議。郭守敬就去當地查勘了地形，了解了雨量情況，發現這條河道近山，所經地區的年雨量雖不多，卻很集中，大雨連日的時候山洪非常兇猛。他認為，縱然河道平時的流量不大，河道本身也一定要寬達五十到七十步②。當時主管其事的官員目光短淺，認為郭守敬把雨季的流量估計得太大，處理這事太小心了，竟把郭守敬所定的寬度削減了三分之一。河渠開通的下一年，一到大雨時節，山洪順河直沖下來，河身狹窄，容納不下洪水，兩岸氾濫成災，漂沒了人、畜、篷帳不計其數，幾乎沖毀了元成宗的行宮。元成宗被迫北遷避水時，想起了郭守敬去年的預言，不由得對左右歎道：「郭太史真是神人哪。可惜沒有聽他的話！」

從此以後，郭守敬的聲望更加高了。一三〇三年，元成宗下詔，說凡是年滿七十歲的官員都可以退休，獨有郭守敬，因為朝廷還有許多工作都要依靠他，不准他退休。

元成宗之後，元朝政權迅速腐朽，統治集團內部鬥爭日益劇烈，生活上窮奢極慾，荒唐到極點，把元世祖時代鼓勵農桑的這點積極因素拋棄淨盡了。在這種情況下，郭守敬的創造活動自然也受到極大的限制。同他當時不斷提高的名望相對照，他晚年的創造活動不免太沉寂了。除了在一二九八年建造了一架天文儀器——靈台水渾以外，就再沒有別的重大創制和顯著表現了。可以設想，如果他晚年能夠有較好的社會政治條件，可能還有更大的貢獻哩。

一三一六年（元仁宗延祐三年），為祖國的科學事業辛勞了六十多年的郭守敬去世了，享年八十六歲。

注釋：

① 知太史院事：官位在太史令之上，是太史院的最高長官。

② 步：中國舊制，五尺為一步。元代一尺的長度同現代一市尺差不多。

六　多方面的成就

郭守敬一生的科學創造相當豐富。除去在天文和水利兩方面之外，還有許多傑出的發明和創造。可以說，他是個多方面的科學家。

郭守敬建造過一架七寶燈漏。這件器具是懸掛在一條櫟架上的，形狀好像一隻燈球。實際上這是一台用水力推動的、相當複雜的機械報時鐘。到了一定的時刻，燈漏裡會有木人抱着時辰牌出來報時，還有個木人按時指明是幾時幾刻；每到正時、正刻，就有木人敲鐘打鼓。更有趣的是燈漏裡有個小型的舞台，舞台上蹲着龍、虎、鳥、龜等四個動物模型；到了一定的時刻，這些動物紛紛起舞，非常靈活。前面提到過的靈台水渾是一架用水力推動的天球儀，它可以表現天空中星辰的周旋轉動。太陽、月亮的東升西落，在星空中運動的情景，可以在這儀器中看得清清楚楚。他在簡儀中曾運用滾柱來減少儀器運轉中的摩擦阻力，這也是一種新創的裝置。凡此種種，都證明郭守敬在機械技術方面有很高的才能。

郭守敬也是一位出色的地理學家。他的水利工程設計，都是以他自己實際的地理勘測資料為基礎的。他曾在巡視河北、山東河道時，對黃河附近一帶幾百里的區域進行過細緻的地形測量，繪製成一幅幅的地圖。他曾經以海平面為標準，來比較大都和汴梁（今開封）地形的高低之差。這是地理學中一個重要概念——「海拔」的創始。至於他在通惠河上游河道路線選擇中所表現的地形測量的精確性，直到今天還引起學者們的驚歎和讚賞。

最後，我們應當提到他在數學和物理學領域內深厚的修養。《授時曆》中許多數學公式是我國數學史上的重要發明，而這些公式全靠郭守敬的整理，才能流傳到現在。如果他沒有廣博而深入的物理知識，那些天文儀表和各種奇器是絕對創制不出來的。

總之，可以說，郭守敬是我國古代發明創造最多的科學家之一。他的創造大多具有精密、靈巧、簡捷、易於掌握等種種特點。

郭守敬的確做出了許多光輝的創造，但是由於他所處時代的歷史條件和他的階級地位，也不可避免地會有某些消極的東西。比如，他曾經編纂過幾種講述如何推算黃道吉日之類的書。占凶卜吉，本是太史院的例行公事，作為太史令的郭守敬，自也很難規避。不過，這總是一種加深迷信毒害的行動。

儘管郭守敬一生的思想行動上不免有消極的一面，但是我們應該看到，他對我國古代科學發展有很大的貢獻，是我國歷史上一位偉大的科學家。

責任編輯　楊克惠
書籍設計　彭若東
責任校對　江蓉甬
排　　版　高向明
印　　務　馮政光

書　　名　郭守敬
叢 書 名　大家歷史小叢書
作　　者　薄樹人
出　　版　香港中和出版有限公司
Hong Kong Open Page Publishing Co., Ltd.
香港北角英皇道四九九號北角工業大廈十八樓
http://www.hkopenpage.com
http://www.facebook.com/hkopenpage
http://weibo.com/hkopenpage
Email:info@hkopenpage.com
香港發行　香港聯合書刊物流有限公司
香港新界荃灣德士古道二二〇—二四八號荃灣工業中心十六樓
印　　刷　美雅印刷製本有限公司
香港九龍官塘榮業街六號海濱工業大廈四字樓
版　　次　二〇二一年五月香港第一版第一次印刷
規　　格　三十二開（128mm × 188mm）六〇面
國際書號　ISBN 978-988-8694-94-5